PARA MI NIETA, SOFÍA RODRÍGUEZ
—SL

PARA MIS PADRES, STELLA Y JOSÉ, QUE ME ENSEÑARON
LA MÚSICA DE SELENA, Y PARA MIS HERMANOS CLARA,
LAURA Y JUAN, CON QUIENES CRECÍ BAILANDO
AL RITMO DE "BIDI BIDI BOM BOM"
—PE

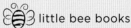 little bee books

New York, NY
Text copyright © 2020 by Silvia López
Illustrations copyright © 2020 by Paola Escobar
All rights reserved, including the right of
reproduction in whole or in part in any form.
Manufactured in China   RRD 1121
First Edition   10 9 8 7 6 5 4 3
ISBN 978-1-4998-1143-8
Library of Congress Cataloging-in-Publication Data is available upon request.
For information about special discounts on bulk purchases,
please contact Little Bee Books at sales@littlebeebooks.com.

littlebeebooks.com

REINA de la MÚSICA TEJANA

SELENA

SILVIA LÓPEZ

ILUSTRADO POR
PAOLA ESCOBAR

TRADUCIDO POR
NURIA MENDOZA

little bee books

LAKE JACKSON, TEXAS — 1977

La música que salía por la ventana llamó la atención de Selena Quintanilla, de seis años. Entró en casa de un brinco, atravesó la cocina y sobresaltó a su madre, Marcella.

"¿A dónde corres, Seli?", preguntó Marcella.

"A cantar con ellos, mami", respondió Selena. "¡Suenan genial!"

Su hermano mayor, A. B., tocaba la guitarra en la sala y Suzette, de nueve años, tocaba la batería. El padre, Abraham, llevaba semanas enseñando a sus hijos mayores a tocar los instrumentos. No siempre había ido bien. Los niños se quejaban a menudo de tener que practicar. ¡Preferían estar afuera bajo el radiante sol de Texas! Pero ese día acertaban a tocar todas las notas de "Blue Moon", una canción que Selena conocía.

Selena arrancó a cantar usando un cepillo para el pelo como micrófono. Cantaba casi desde que aprendió a hablar. Abraham había sido músico en su juventud y escuchó con más atención. ¡Su hijita tenía una entonación perfecta!

Y notó algo más mientras Selena giraba y bailaba al ritmo de la música.

Era una artista.

LOS QUINTANILLA

Unos años antes, el 16 de abril de 1971, domingo de Pascua, Marcella y Abraham Quintanilla creían que su tercer hijo sería un niño. En el hospital compartían la habitación con otra futura mamá que había elegido un nombre encantador, convencida de que tendría una niña. Pero el destino quiso que fuera un varón. A falta de nombres de niña, Marcella tomó prestada la idea de la otra mamá: Selena, que significa "diosa de la luna".

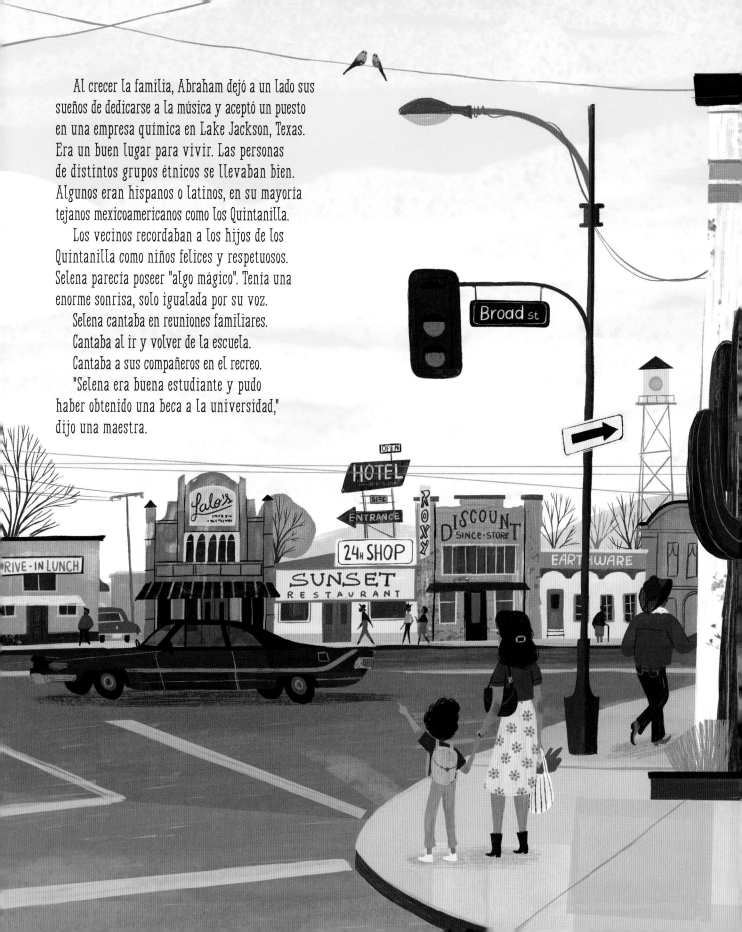

Al crecer la familia, Abraham dejó a un lado sus
sueños de dedicarse a la música y aceptó un puesto
en una empresa química en Lake Jackson, Texas.
Era un buen lugar para vivir. Las personas
de distintos grupos étnicos se llevaban bien.
Algunos eran hispanos o latinos, en su mayoría
tejanos mexicoamericanos como los Quintanilla.

Los vecinos recordaban a los hijos de los
Quintanilla como niños felices y respetuosos.
Selena parecía poseer "algo mágico". Tenía una
enorme sonrisa, solo igualada por su voz.

Selena cantaba en reuniones familiares.

Cantaba al ir y volver de la escuela.

Cantaba a sus compañeros en el recreo.

"Selena era buena estudiante y pudo
haber obtenido una beca a la universidad,"
dijo una maestra.

UNA BANDA FAMILIAR

La música siempre fue importante para los Quintanilla. En 1980 formaron una pequeña banda, que llamaron *Southern Pearl*. Los niños practicaban todos los días en el garaje con equipos de segunda mano. Cubrieron las paredes con alfombras para que los ensayos no molestaran a los vecinos. "Todos mis hijos son talentosos", decía Abraham con orgullo. "Y Selena tiene presencia en el escenario". Él realizaba los arreglos musicales y gestionaba las actuaciones en fiestas y ferias. Todos ayudaban.

"¡Mi mamá pintó de negro latas de café vacías para que parecieran focos!", contó Selena.

En 1980 Abraham renunció a su trabajo y abrió el restaurante mexicano Papagayo's. La banda actuaba allí la mayoría de los fines de semana. Selena, de nueve años, imitaba a sus artistas pop favoritos de los Estados Unidos y su voz se elevaba fuerte y clara sobre el ruido de los platos.

Más tarde, a principios de los 80, la vida de los Quintanilla cambió.

CORPUS CHRISTI, TEXAS — 1983

Fueron tiempos difíciles en los Estados Unidos. Era difícil conseguir trabajo. La gente tenía menos dinero para comer en restaurantes. *Papagayo's* cerró. Vendieron la casita en Lake Jackson, con muebles incluidos, para pagar facturas.

La familia se mudó a Corpus Christi, en Texas. Alquilaron una casa en Molina, un barrio de clase media donde vivían muchos tejanos. Para Selena todo cambió, menos la música. Pero ahora la familia la convirtió en una manera de ganarse la vida.

"No teníamos otra forma de ganar dinero", dijo Selena. Con ella como atracción principal, la banda tomó el nombre de *Selena y Los Dinos*: Selena y los muchachos.

Selena trataba de aparentar que era mayor de doce años. Llevaba maquillaje y ropa llamativa confeccionada a mano, pero solo en el escenario. En casa era como cualquier otra niña, tal vez más protegida que la mayoría porque Abraham era muy estricto.

De todas maneras, tenía poco tiempo para socializar, ya que a menudo estaba ocupada ensayando o actuando.

DE GIRA

La mayoría de los conciertos o compromisos se celebraban los fines de semana. En una camioneta antigua viajaban todos, incluso los demás músicos y el perro de la familia.

"Cada vez que nos volteábamos, salíamos rodando del asiento", contó Selena, entre risas.

El dinero seguía escaso para los Quintanilla. La familia viajaba de ciudad en ciudad durmiendo en la camioneta o en moteles económicos. Lo que ganaban les daba solo para comprar comida en los puestos de carretera.

"Cuando comienzas, tienes que aceptar lo que te den", dijo Selena. "Comíamos muchas hamburguesas y compartíamos todo". La banda siempre tocaba lo mejor posible, aunque acudieran pocas personas al concierto. Las personas habían pagado y merecían un buen espectáculo.

EL DESAFÍO DEL IDIOMA

Cuando salían de gira Abraham se dio cuenta de que mucha gente pedía música tejana, también llamada "Tex-Mex".

Igual que el pueblo tejano, la música tejana o Tex-Mex tiene un carácter propio. Y se canta en español, lo que era un problema para los niños de los Quintanilla, quienes habían nacido y crecido en los Estados Unidos. Entendían el idioma, pero no lo hablaban bien. Para que la banda tuviera éxito, Selena tendría al menos que aprender a cantar en español.

"No puedo, papi", se quejó. "No sé lo que significan las palabras".

Abraham le anotó cómo sonaban. . . y Selena las memorizó. Pronto cantaba en español con mucho sentimiento y sin acento estadounidense.

¡El público estaba convencido de que sabía lo que decía!

NO ES LUGAR PARA JOVENCITAS

Selena se enfrentó a otro obstáculo por ser una chica joven y cantante principal. En la tradición tejana los artistas casi siempre habían sido hombres. Algunos lugares se negaron a contratar a la banda.

"Le dijeron a mi padre que nunca tendríamos éxito", dijo Selena. "Yo quería demostrarles que estaban equivocados". El hermano de Selena, A. B., había aprendido mucho sobre composición y arreglos musicales. Comenzó a escribir canciones tejanas novedosas, con un ritmo más moderno. A los admiradores jóvenes, especialmente a las chicas, les fascinaban los divertidos pasos de baile creados por Selena.

ESCUELA DE LARGA DISTANCIA

Selena y Los Dinos grabaron su primer álbum en 1985 con una compañía pequeña de Texas. A las estaciones de radio les gustó y la banda consiguió más conciertos. Pero esto dio pie a otro problema: Selena tenía solo catorce años. Viajar significaba que faltaba a la escuela a menudo. La familia no podía desaprovechar ningún contrato, así que Selena tuvo que abandonar la escuela en octavo grado. Enseguida se apuntó a clases de larga distancia y estudiaba mientras estaba de viaje. Todos la ayudaban con las lecciones.

ÉXITO TELEVISIVO

En 1985 invitaron a Selena y Los Dinos al programa de televisión de un amigo. El ritmo fresco y animado de la banda y sus llamativos atuendos fueron un éxito. Consiguieron contratos para eventos más importantes. Aun así, gran parte del dinero era para a pagar equipos y viajes. Lo que sobraba se dividía en partes iguales.

"Si teníamos cinco o diez dólares", dijo Selena, "¡podíamos ir a Whataburger!"

FUERA DEL ESCENARIO

En su tiempo libre Selena decoraba sus vestidos con perlas, pedrería y encaje. Algunos conjuntos resaltaban su figura. Al principio su papá no estaba contento. La música de Selena y Los Dinos celebraba los valores familiares. Abraham no aprobaba el consumo de alcohol o drogas, ni las malas palabras. No quería que su hija diera la impresión equivocada.

"Al público le gusta ver vestidos de fiesta en los espectáculos, papi", le aseguró Selena. "Pero saben quién soy por dentro, en realidad".

Selena llevaba una vida tranquila fuera del escenario. Después de actuar se quedaba en el autobús nuevo de la banda, apodado Big Bertha, cosiendo, estudiando o trabajando en las canciones. No era una adolescente típica. No iba a bailes escolares ni partidos de fútbol. Jamás tenía citas. Su vida estaba dedicada a la música.

"Nunca tuve la oportunidad de relacionarme con alguien de mi edad", dijo. Sus amigos eran su familia, los miembros de la banda y las personas vinculadas a sus actuaciones.

LA OPORTUNIDAD DE BRILLAR DE UNA ESTRELLA NACIENTE

El primer gran reconocimiento de Selena ocurrió en 1986. La banda fue nominada para un premio importante en los Tejano Music Awards. No ganaron, pero con solo quince años Selena ganó el premio de vocalista femenina del año. Ganó muchos otros premios después de este, año tras año. La cantante de música tejana había demostrado que todos estaban equivocados. Su estrella estaba en ascenso.

"Siempre piensa que lo imposible es posible" se convirtió en uno de sus dichos favoritos.

En 1988 Coca-Cola quiso hacer un comercial con latinos. Un ejecutivo invitó a varios artistas famosos a grabar, pero después de la audición de Selena se decidió que lo haría ella sola. El anuncio en inglés y español mostró el talento de Selena a la audiencia televisiva de los Estados Unidos.

A los diecisiete años Selena era una jovencita encantadora. Estaba orgullosa de su herencia hispana y de su imagen. Quería que otras chicas latinas también se sintieran a gusto con su apariencia.

Su personalidad impresionaba a quienes trabajaban con ella. "Era maravillosa con todos. Recordaba [sus] nombres. . . y salía a abrazarlos", contó un ejecutivo.

Poco después Selena y Los Dinos recibieron una oferta importante para grabar. La banda encadenó una serie de canciones de éxito. Multitud de personas acudieron a sus conciertos, entusiasmados con los nuevos sonidos tecno y las luces centelleantes. Pero la atracción principal siempre fue la gran personalidad de Selena. Los fans la llamaban la reina del Tex-Mex.

Selena nunca decepcionó. "Sé tu mejor versión en todo momento" era su lema.

CHRIS PÉREZ

En 1989 un músico joven llamado Chris Pérez se unió a Los Dinos. Selena y él se enamoraron. Abraham pensaba que Selena era demasiado joven para tener novio serio. Pero por primera vez en su vida Selena se opuso a los deseos de su padre. Se casó con Chris en 1992. Con el paso del tiempo Abraham se dio cuenta de que Selena había elegido bien y dio la bienvenida a Chris a la familia.

FANS AL OTRO LADO DE LA FRONTERA

La música tejana no era muy popular en México antes de Selena. Pero a medida que su fama creció, los fans agotaban las entradas a los conciertos. Periódicos, emisoras de radio y programas de televisión mexicanos querían entrevistarla. Ella había trabajado duro mejorando su español. Servía para cantar, pero ¿sería suficiente como para dar entrevistas?

Selena llegó a México en 1992 y se enfrentó a treinta y cinco reporteros deseosos de hacerle preguntas. Les dirigió una sonrisa deslumbrante. Los abrazó a todos. Cuando cometía un error, se echaba a reír. "Por favor, disculpen mi español", decía. Estaba tratando de aprender el idioma de sus canciones, la lengua de sus antepasados.

Los periodistas agradecieron la honestidad y el esfuerzo de Selena. Les pareció que era un "cambio refrescante" comparada con otras estrellas. Selena era claramente "una de las suyas, morena y orgullosa".

"Una artista del pueblo", escribió un periódico.

Selena era una verdadera celebridad internacional.

EN AGRADECIMIENTO

Selena nunca olvidó las dificultades que tuvieron al principio ella y su familia. Brindó ayuda a la comunidad, especialmente a los niños, visitando escuelas para hablar en contra de las drogas y elogiar el valor de la educación. Donó dinero de sus conciertos a muchas organizaciones de caridad. Selena quería ayudar a los jóvenes a alcanzar sus sueños.

Y también se ocupó de los sueños que ella misma tenía.

MÁS ÉXITOS

A Selena le encantaba diseñar ropa. ¿Por qué no abrir una tienda para vender sus creaciones?

En 1994 abrió la primera tienda *Selena, Etc.* en Corpus Christi y más tarde abrió otra en San Antonio, Texas. Ambas tuvieron mucho éxito.

De hecho, 1994 fue un año cargado de éxitos.

La canción "Bidi Bidi Bom Bom", que Selena ayudó a escribir, se hizo muy popular. La melodía pegadiza sonaba constantemente en la radio. En marzo su álbum *Live* ganó un premio Grammy al mejor álbum mexicanoamericano de 1994. ¡Era la primera vez que una mujer tejana lograba un reconocimiento tan importante! Selena estaba muy emocionada, por supuesto. Pero también le emocionaba estar entre tantas estrellas de renombre. ¡Como cualquier fan, tomó fotos de los grandes triunfadores de la noche, que incluían a Whitney Houston y Gloria Estefan!

CANTAR EN INGLÉS

Selena adoraba las canciones pop americanas desde niña cuando cantaba "Blue Moon" en la sala de estar. Pero por muchos años los productores no contratarona Selena y Los Dinos. Pensaban que el público no escucharía a un grupo latino tocando música estadounidense.

Ahora era diferente.

Selena ya tenía miles de fans de habla hispana. Los premios Grammy llamaron la atención del resto de norteamérica. Selena comenzó a trabajar en un álbum "crossover" con el deseo de ser una artista para todos los públicos.

Fue una decisión agridulce. Selena se convertiría en cantante solista. A. B., Chris y los otros miembros de la banda ayudarían a escribir y producir las canciones. Pero a partir de entonces no serían Selena y Los Dinos.

A principios de 1995 Selena había grabado varias canciones en inglés. Cuando se lanzó el álbum *Dreaming of You*, en julio de 1995, se vendieron 175.000 copias en un solo día. ¡Un récord para una cantante femenina! Millones de copias fueron vendidas mundialmente.

EL REGALO DE SELENA

Las personas que conocieron a Selena Quintanilla la describían como sincera, humilde y amable. "Era inigualable", dijo alguien, "un recordatorio a todos los tejanos, los mexicoamericanos... los latinos, de que su cultura es hermosa, con un idioma hermoso".

Selena fue una pionera. Su gran éxito brindó oportunidades a otros artistas latinos. Demostró que el talento y el esfuerzo podían superar obstáculos y derribar barreras. Fue un ejemplo a seguir para muchos artistas jóvenes.

La vida de Selena ha servido de inspiración para las chicas latinas. Fue un símbolo del poder de la familia, la determinación y el orgullo de las raíces. Su vida recuerda a todas las jóvenes que pueden hacer realidad sus sueños si se esfuerzan, sin importar quiénes son o cuáles sean esos sueños.

La reina del Tex-Mex vivió según su ideal de ser la mejor versión de sí misma en todo momento.

Y demostró que lo imposible, sin duda es posible.

1971

Nació el 16 de abril, domingo de Pascua, en Lake Jackson, Texas. Sus padres eran Abraham y Marcella Quintanilla.

1983

Se mudó con su familia a Corpus Christi, Texas. Aprendió a cantar en español aprendiendo las palabras con fonética.

1985

Grabó por primera vez para una compañía local. La banda apareció en el programa de televisión de Johnny Canales.

1987

Ganó como artista femenina del año en los Tejano Music Awards. Hasta 1997 ganó casi todos los años

1980

Cantó en la banda familiar *Southern Pearl* en *Papagayo's*, el restaurante de Abraham.

1984

Dejó la escuela secundaria para salir de gira con la banda, que ya se llamaba *Selena y Los Dinos*. Comenzó la escolarización en casa.

1986

Ganó el premio como vocalista femenina del año en los Tejano Music Awards.

1988

Grabó un comercial de Coca-Cola. Se convirtió en portavoz de la marca.

1990

Terminó los cursos a distancia y consiguió el diploma de la escuela secundaria.

1994

Ganó un premio Grammy. Abrió boutiques de moda llamadas *Selena, Etc.* en Corpus Christi y San Antonio, Texas. Comenzó a grabar canciones en inglés para su álbum crossover.

1995
Marzo 31

Dos semanas antes de cumplir veinticuatro años, Selena perdió la vida durante una discusión con una empleada y antigua amiga sobre las finanzas de las boutiques.

1995
Julio 31

Lanzamiento de *Dreaming of You*, el álbum crossover de Selena. "Bidi Bidi Bom Bom" ganó como canción del año en los Tejano Music Awards.

1992

Se casó con Chris Pérez. Actuó en México, se vendieron todas las entradas de la gira.

1995
Enero-febrero

Dio un concierto en el Astrodome de Houston y se agotaron las entradas. La nominaron a un segundo premio Grammy.

1995
Abril 16

George W. Bush, gobernador del estado de Texas en ese tiempo, proclamó este día el Día de Selena.

1997

Se estrena en los cines la película *Selena*, protagonizada por Jennifer López.

UN POCO MÁS SOBRE...

TEJANOS

Después de que Cristóbal Colón llegara al Nuevo Mundo en 1492, España reclamó gran parte de las tierras y comenzó a crear asentamientos. Más tarde estos asentamientos se convirtieron en países independientes, como México.

Hubo un tiempo en que México abarcaba parte de lo que ahora es el suroeste de los Estados Unidos, incluyendo a Texas. Los ciudadanos mexicanos tenían orígenes diversos: además de españoles e indígenas, había alemanes, polacos y procedentes de otras zonas de Europa. Algunos se mudaron a Texas cuando era parte de México llevando consigo su cultura, y permanecieron allí en 1845 cuando Texas pasó a formar parte de los Estados Unidos. Sus descendientes, como la familia de Selena, llevan allí más de ciento cincuenta años. Se hacen llamar tejanos.

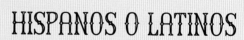

HISPANOS O LATINOS

Los tejanos son parte de un grupo más amplio de estadounidenses, llamados hispanos o latinos, que tienen antepasados de habla hispana. Muchos de estos antepasados llegaron a los Estados Unidos desde América del Sur, América Central y las islas del Caribe.

Los tejanos no son diferentes a la mayoría de latinos en los Estados Unidos. Están tan orgullosos de sus raíces como de ser estadounidenses. Disfrutan de la comida tradicional, a veces llamada Tex-Mex, pero también les gustan las hamburguesas, la pizza y las papas fritas.

¡Selena amaba la pizza con doble pepperoni!

MÚSICA TEJANA O TEX-MEX

La música tejana también se puede llamar Tex-Mex. Tiene un sonido singular. Combina el pop estadounidense y la música country con la música original de los diferentes grupos que se asentaron en México hace mucho tiempo. Antes de Selena y Los Dinos, la música Tex-Mex no era muy conocida en otras partes de los Estados Unidos. Las melodías pegadizas que Selena interpretó y grabó con la banda hicieron posible que más gente se interesara, las escuchara… y las disfrutara.

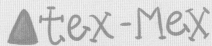
tex-Mex

QUINCEAÑERAS

Cuando una chica latina cumple quince años su familia suele organizar una gran fiesta, llamada quinceañera, para celebrar su entrada en la comunidad de los adultos. Pero Selena no tenía tiempo para su quinceañera: estaba demasiado ocupada ensayando canciones nuevas, preparando el vestuario y viajando de ciudad en ciudad.

LAKE JACKSON, TEXAS

Para la familia Quintanilla, Lake Jackson era un buen lugar donde vivir. Casi todos los habitantes de la ciudad trabajaban en las compañías químicas. Había tejanos y otras familias latinas, así como angloamericanos y personas de distintas nacionalidades. Por lo general se llevaban bien.

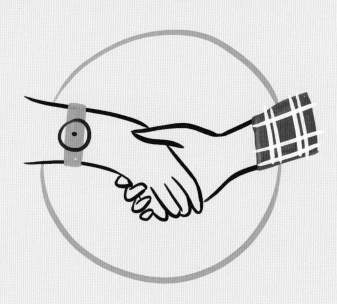

CORPUS CHRISTI, TEXAS

En cambio, Corpus Christi era una ciudad más grande y bastante diferente a Lake Jackson en la época que Selena vivió allí. Las familias de distintos orígenes no solían mezclarse. Los niños tejanos no acudían a las mismas escuelas que los niños angloamericanos. La mayoría de los tejanos vivían en barrios como Molina, donde los Quintanilla fijaron su residencia. A menudo sufrían discriminación. Incluso había una universidad que mantenía los dormitorios de los estudiantes tejanos separados del resto.

Pero en Corpus Christi Selena estaba rodeada del calor de sus tías, tíos y primos, parte de la extensa familia de su padre, Abraham. Eso la ayudó cuando tuvo que dejar la escuela para salir de gira con la banda. Ir de gira significaba también renunciar a otras cosas: juegos, amigos de su misma edad y celebrar una quinceañera.

SELENA ENTRE BAMBALINAS

Selena no sabía el significado de las palabras en español cuando empezó a actuar. Para una chica tan joven era difícil pronunciarlas, memorizarlas y luego cantarlas y bailarlas con sentimiento y emoción. Practicó una y otra vez hasta que sonaron bien.

Pocas personas sabían que Selena diseñaba y confeccionaba muchos de sus atuendos y los de la banda. Era algo que siempre le había encantado hacer. De niña llenaba cuadernos con dibujos de ropa para las muñecas. Luego los recortaba y los cosía con trozos de tela. El púrpura era su color favorito y muchos de los conjuntos que usó en el escenario eran púrpura.

Cuando no estaban trabajando, los Quintanilla compartían muchas risas. A Selena le gustaba gastar bromas. Una vez quitó la crema de las galletas Oreo y las rellenó con pasta de dientes. ¡Abraham se comió una y dijo que estaba deliciosa!

TRAGEDIA

Yolanda Saldívar había sido una de las mayores admiradoras de Selena. Cuando en 1992 se acercó a los Quintanilla para crear el primer club de fans de Selena, se convirtió en su presidenta y amiga de confianza de la familia. Más tarde Selena la puso a cargo de las boutiques de moda. No salió bien.

Nunca se ha aclarado por completo lo que sucedió la mañana del 31 de marzo de 1995. Al parecer Saldívar había tomado dinero del negocio y se enojó cuando Selena la confrontó. Yolanda Saldívar fue juzgada, declarada culpable de asesinato y enviada a prisión.

La muerte de Selena resultó un golpe terrible para Chris Pérez así como para su familia y admiradores. Todos estaban tristes y conmocionados. En el barrio Molina, frente a la casa que Selena y Chris habían comprado junto a la de sus padres, se alinearon autos con letreros que decían "¡TE AMAMOS, SELENA!", formando una fila de más de una milla. Globos, flores y conejitos de Pascua de juguete cubrían la verja delantera.

RECORDANDO A SELENA

El mundo tejano y toda la industria de la música perdió una gran estrella con el fallecimiento de Selena. Logró más en su corta carrera que muchos otros artistas llegan a alcanzar en toda la vida. Joe Nick Patoski, quien escribió su biografía, dijo: "El debate sobre lo que podría haber sido nunca cesará ".

Los Tejano Music Awards continuaron reconociendo los logros de Selena después de 1995 con un Premio por Logros de Toda una Vida, y la cadena de televisión Univisión le otorgó un premio especial como artista del año. En 2010 la nombraron la mejor vocalista femenina de las décadas 80 y 90 y "Bidi Bidi Bom Bom" se consideró la mejor canción tejana de la década de los 90.

En 1995 se instauró otro premio creado en memoria de Selena, el Billboard Latin Music Spirit of Hope. Se entrega a un artista latino o hispano por trabajo caritativo realizado fuera del mundo de la música. Entre todas las distinciones que recibió Selena quizás este premio sería el que más le hubiera complacido.